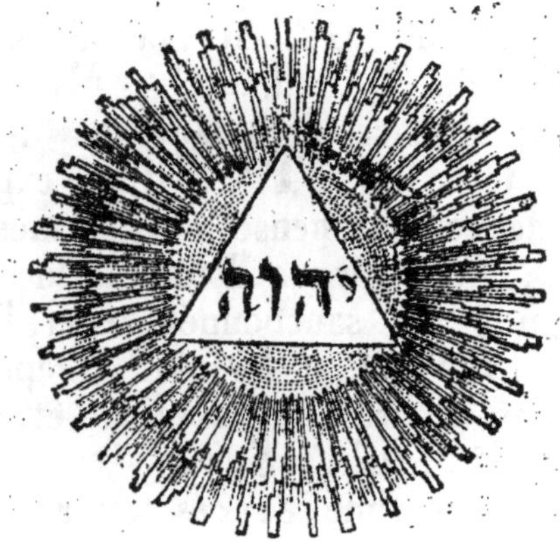

A∴ L∴ G∴ D∴ G∴ A∴ D∴ L'U∴

GRAND ORIENT

DES ANCIENS, FRANCS ET ACCEPTÉS MAÇONS D'HAITI.

GRAND PROTECTEUR DE L'ORDRE.

S. Ex. JEAN-PIERRE BOYER, Président d'Haiti.

Le Dimanche 22.e jour du 11.e mois A∴ L∴ 5836, (ère vulg∴ 22 Janvier 1837)

La Grande Chambre Symbolique s'est réunie conformément aux dispositions des Réglemens généraux, et les travaux ont été ouverts en due forme.

Présens :

Les RR∴ FF∴ *B. Ardouin*, Député G∴ M∴;
C. Ardouin, 1.er G∴ Surv∴;
Ethéart, 2.d G∴ Surv∴

Des membres à vie et temporaires du G∴ O∴ et des Représentans particuliers des Loges ornant les colonnes.

Le T.·. Resp.·. Député G.·. M.·. a fait savoir à l'assemblée que la maladie du T.·. Ill.·. G.·. M.·. a été la cause occasionnelle de son absence dans la tenue de ce jour, et, comme organe de tous les FF.·., il a exprimé le regret qu'ils éprouvaient de cette facheuse circonstance.

Ensuite, le G.·. Sécrétaire a donné lecture de la Pl.·. du Comité Général qui a été sanctionnée selon l'usage.

Puis, il a été invité par le T.·. R.·. Député G.·. Maître à rendre compte des affaires qui devaient être soumises aux délibérations de la Gde.·. Ch.· Symb.·.

Ce V.·. F.·. s'est exprimé en ces termes :

« T.·. Ill.·. Grand Maître, et vous VV.·. et TT.·. CC.·. FF.·.,

« En vous rapportant aujourd'hui les différens travaux qui ont rempli le semestre qui vient de s'écouler, je m'abstiendrai de vous rappeler les motifs qui ont donné lieu à la réunion extraordinaire du 30 octobre dernier et les décisions qui en sont résultées ; le procès-verbal de cette tenue ayant été expédié aux Loges de l'obédience et aux Membres du G.·. Orient, vous avez du en être suffisamment informés.

« Il s'agit donc ici, mes FF.·., des pièces parvenues au secrétariat. Elles ont toutes été soumises au Conseil des Desseins Généraux qui a consacré à leur examen plusieurs séances ; et les matières qu'elles contiennent ont reçu leur solution ainsi que j'aurais la faveur de vous le rapporter.

« Connaissance lui a été donnée d'une pl.·. de la R.·. ▭ .·. N.° 14, à l'Orient de l'*Anse-d'Hainault*, par laquelle elle annonçait la due soumission qui lui a été faite de la part du F.·. *Mouras* fils, un de ses Membres, qui avait été suspendu de ses travaux maçonniques pour un tems limité ; ce F.·. ayant d'ailleurs offert et obtenu le baiser fraternel d'un de ses FF.·. qui avait de justes griefs à lui reprocher.

« Cette communication a été accueillie par le Conseil avec la plus vive satisfaction, et la R.·. ▭ .·. N.° 14 a été prévenue qu'elle pouvait donner connaissance de ce résultat aux autres Loges de l'obédience, si elle les avait informées dans le tems de la suspension de travaux qu'elle avait prononcée contre ce F.·.

« La R.·. □.·. N.° 13, à l'O.·. d'*Aquin*, avait fait savoir que vu la gravité d'une affaire survenue entre les FF.·. *F. Lefranc* et *R. Charles*, Membres de son R.·. Atelier, elle s'était réunie extraordinairement pour en prendre connaissance, et que par suite elle avait cru devoir prononcer la radiation de ces deux FF.·. du tableau de ses Membres, jusqu'à ce que le tems lui permît d'obtenir de plus amples renseignemens sur cette affaire.

« En conséquence de cette disposition, les Loges ont été invitées d'interdire l'entrée de leurs Temples à ces deux FF.·. jusqu'à nouvelles informations.

« La même Loge ayant annoncé aussi que trois de ses Membres, les FF.·. *Ls. Vaval*, *R. Charles* et *T. Rigaud*, ont été rayés de son tableau pour avoir manqué à leurs devoirs, connaissance en a été également donnée aux Loges.

« Pareille résolution a été prise par le Conseil au sujet de la radiation prononcée par la R.·. □.·. N.° 6 à l'O.·. du *Cap-Haïtien*, contre trois de ses Membres, les FF.·. *Gervais Henry*, *Guillaume Lambert* et *Dartar Fargeau*, pour le même motif.

« Ce R.·. Atelier avait aussi annoncé la suspension d'une année de travaux qu'elle a prononcée contre le F.·. N... un de ses Membres, qui a mérité le blame de ses FF.·.

« Cette décision a été maintenue.

« Le Sup.·. Conseil des PPP.·. SSS.·. GGG.·. Inspecteurs Généraux, 33.e degré du rit ecossais, a annoncé par une pl.·. adressée à la Grande Ch.·. Symbolique, que le F.·. *Viau*, Gd.·. Inspecteur Général et Membre du G.·. Orient, avait été appelé dans le sein de sa Commission Administrative pour s'expliquer sur un fait qui lui était imputé, que n'y ayant point comparu, la sommation fut répétée, et qu'aulieu d'y déférer, ce F.·. adressa un bal.·. à cette Commission par laquelle, tout en donnant sa démission, il s'est servi d'expressions peu mesurées envers le G.·. Orient.

« Le Sup.·. Conseil, auquel la connaissance de cette affaire avait été référée, ayant admis la contumace du F.·.

Viau, l'a suspendu de ses travaux maçonniques jusqu'à ce qu'il lui fasse sa due soumission conformément aux principes généraux de l'Ordre.

« Cette communication a été aussitôt transmise aux Loges de l'obédience.

« La R∴ □∴ N.° 9, à l'Orient de *Seybo*, entre autres objets, avait fait savoir par une pl∴ adressée au G∴ Orient qu'elle avait pris possession de son nouveau Temple depuis le 24 juin dernier.

« Cet avis fraternel a été reçu par le Conseil avec tout l'intérêt qu'inspire cet heureux succès dû au dévouement et à la persévérance de nos estimables FF∴ membres de ce R∴ Atelier.

« La R∴ □∴ N.° 1.er de cet Orient, déférant à la demande de renseignemens qui lui avait été faite sur l'affaire qui avait motivé l'appel interjeté par le F∴ *Bocage*, un de ces membres, le Conseil, au moment de prononcer sur cette matière, reçut une autre pl∴ de cette R∴ □∴ par laquelle elle déclare qu'ayant pris en considération les motifs exprimés par le F∴ *Bocage*, qui lui avait, dans le tems, demandé son exéat, et se ravisant sur ce qu'elle avait précédemment décidé, elle avait pris la résolution de lui accorder l'objet de sa demande, ce qui avait donné lieu à sa réclamation à la Gde∴ Chambre Symbolique.

« Sur ce, le Conseil a du considérer que cette affaire est convenablement terminée.

« Le V∴ F∴ *Lallemand*, Gd∴ Intendant en exercice et le V∴ F∴ *Gotreau*, Membre du G∴ Orient, résidant à l'orient de *Seybo*. ont fait parvenir chacun une pl∴ accompagnant un écrit imprimé qui leur avait été adressé intitulé *Un maçon du rit Ecossais ancien et accepté à ses FF∴ du G∴ Orient d'Haïti.*

« Le Conseil, après l'examen qu'il en fait, ayant reconnu que cet écrit est rédigé dans le même esprit que ceux antérieurement signalés à la Grande Ch∴ Symbolique, a chargé le Grand Secrétaire de vous le transmettre.

« Le F∴ *Eyssaleme*, Grand Inspecteur Général 33.e et dernier degré du rit Ecossais ancien et accepté et membre de la R∴ ☐∴ N.° 1.er, expose par une pl∴ qu'animé du désir d'appartenir au G∴ Orient d'Haïti, afin de pouvoir contribuer avec ses F∴ à répandre les bienfaits de l'Institution, il sollicite son admission à ce corps, espérant qu'il daignera prendre en considération l'objet de sa demande.

« Le Conseil, se fondant sur les dispositions des Réglemens généraux qui ont déterminé le mode d'après lequel le G∴ Orient se recrute, a cru devoir s'en référer à vous pour l'appréciation des motifs allégués par le F∴ *Eyssaleme.*

» La R∴ ☐∴ N.° 13, a annoncé par une pl∴ que, par mesure d'économie, elle avait résolu de prendre possession provisoirement de la partie achevée du Temple qu'elle construit en ce moment, se réservant de faire à l'avenir d'autres communications au G∴ Orient aussitôt qu'elle sera parvenue au terme du travail qu'elle poursuit.

« Je remplis ici un devoir, mes TT∴ CC∴ FF∴ en vous exprimant la satisfaction avec laquelle cet avis a été reçu par le Conseil.

« La R∴ ☐∴ N. 2, à l'orient des *Cayes*, a fait parvenir une pl∴ par laquelle elle demande à cumuler le rit écossais ancien et accepté. Cette R∴ ☐∴ supplie le G∴ Orient de lui accorder l'objet de sa demande, promettant d'ailleurs de faire tous ses efforts pour remplir convenablement les nouvelles obligations qui lui seraient imposées. Cette pl∴ est appuyée de l'extrait du procès-verval de la tenue en laquelle cette résolution a été prise à l'unanimité des FF∴ présens.

« Le Conseil, après en avoir pris connaissance, m'a chargé, mes FF∴, de vous transmettre ces pièces à votre assemblée de ce jour.

« La même Loge avait donné connaissance du rappel qu'elle a fait dans son sein du F∴ *Cadet Pomié jeune*, un de ses Membres, contre lequel elle avait été dans l'obligation de sévir.

« Cette décision a été favorablement accueillie, et le F∴ G∴ Secrétaire a été chargé d'en donner avis aux Loges de l'obédience.

« La R∴ ☐∴ N.° 10, à l'orient de *Bany*, a témoigné son étonnement de ce qu'elle n'a pas vu figurer parmi les FF.·. qui ont été admis au G.·. Orient le Vénérable F.·. *Lesage*, son Représentant particulier près de ce corps, qu'elle avait désigné pour en faire partie conformément à l'arrêté de la G^{de}.·. Ch.·. Symbolique du 2 février, qui lui avait été adressé comme aux autres Loges de l'obédience, attendu, dit ce R.·. Atelier, que le procès-verbal constatant son vote en faveur de ce V.·. F.·. avait été expédié dans le tems au Grand Secrétaire.

« Le Conseil, vu l'absence de la pièce annoncée, a pensé, mes FF.·., devoir vous faire parvenir ces observations que vous serez à même d'apprécier.

« La même Loge ayant donné en même tems les explications qui lui avaient été demandées sur plusieurs objets qui intéressent l'Ordre, l'examen de ces questions a été renvoyé à la prochaine réunion du Conseil.

« La R.·. ☐.·. N.° 12, à l'orient de *Léogane*, a annoncé la radiation de son tableau du F.·. *Marcel Ardor fils aîné*, un de ses membres, pour n'avoir point rempli ses obligations envers elle, dédaignant même de répondre aux appels qui lui furent faits à cet égard, et de plus pour des outrages qu'il a commis envers un de ses FF.·. membre aussi du même Atelier.

« La décision prise contre ce F.·. a été maintenue par le Conseil.

« La R.·. ☐.·. N.° 1.er avait adressé une pl.·. accompagnant l'expédition d'un jugement de radiation qu'elle a prononcé contre un de ses membres, le F.·. *Cérisier fils*, Orateur en exercice, pour avoir, dans une tenue solennelle, prononcé un discours irrévérent envers l'Atelier auquel il appartient et tendant encore à provoquer la discorde parmi les FF.·.

« Le Conseil a également maintenu cette décision, sans cependant préjudicier au droit d'appel qui est réservé au F.·. *Cérisier* ainsi qu'à tous ceux de nos FF.·. précités.

« La R.·. ☐.·. des *Eleves de la Vertu*, N.° 20, à l'Orient de *Miragoâne*, avait adressé une pl.·. accompagnant ses

Réglemens particuliers qu'elle soumet à la sanction du G.·. Orient.

« Vû l'approche de cette tenue, et en considération du renouvellement prochain des membres du Conseil des Desseins Généraux, l'examen de ces Réglemens a été renvoyé à la réunion prochaine du nouveau Conseil.

« Par la même pl.·., la R.·. □.·. N.° 20 vous annonce la nomination qui a eu lieu par son R.·. Atelier du V.·. F.·. *Vignier* en qualité de Membre à vie du G.·. Orient.

« Cette nomination a été admise par le Conseil, attendu que cette R.·. □.·. avait obtenu sa constitution avant l'époque où l'arrêté de la Grande Chambre Symb.·. fut pris pour l'augmentation de ses Membres : mais le Conseil pense que les dispositions de cet arrêté ne peuvent être applicables qu'aux loges actuellement constituées et non à celles qui pourront l'être à l'avenir.

« L'appréciation de cette opinion vous appartient, mes FF.·., vous prononcerez à cet égard ce que vous jugerez convenable.

» La R.·. □.·. N.° 11, à l'Orient de *Santo-Domingo*, a donné connaissance qu'elle avait reçu de la Loge *des Elèves de la Nature*, Orient *des Cayes*, deux exemplaires d'un annuaire où se trouve inséré un discours prononcé par un F.·. membre de cet Atelier : et qu'ayant remarqué que ce discours contient des expressions peu mesurées envers le G.·. Orient, elle avait pris la résolution de renvoyer ces pièces aux *Elèves de la Nature* et de faire parvenir au G.·. Secrétariat une copie de la pl.·. qui a été adressée à cette Loge en cette occasion.

« J'ai eu mission, mes frères, de vous transmettre cette communication par laquelle la R.·. □.·. N.° 11, vous donne un nouveau témoignage des sentimens dont elle est animée.

« La R.·. □.·. N.° 2 a remis au Secrétariat l'expédition d'un jugement par lequel un de ses membres a été suspendu de ses travaux pour un tems limité : et la R.·. □.·. N.° 3, à l'Orient de *Jérémie* en a aussi adressé une qui annonce la radiation qu'elle a prononcée contre un des siens. Les FF.·. auxquels se rapportent ces deux décisions en ont interjeté appel ; mais le Conseil, quoique nanti de toutes les pièces qui ont trait à ces affaires. n'a pas dû se prononcer, attendu que les formalités prescrites par les Réglemens généraux au titre des *Appels* n'ont pas été remplies. En conséquence, ces FF.·. ont été invités à s'y conformer, en adressant chacun une copie de leur exposé à la partie contre la décision de laquelle ils réclament.

« Le Conseil a eu connaissance aussi d'un bal.·. du *Grand Orient de France* en réponse aux communications fraternelles qui furent continuées avec ce R.·. Corps maçonnique par l'occasion du R.·. F.·. *B. Ardouin*, Député Grand Maître du *G.·. Orient d'Haïti* à son voyage en Europe.

« Le Grand Orient de *France* a fait parvenir, par cette correspondance, les patentes de G[d].·. Inspecteur Général pour les six VV.·. FF.·. mentionnés dans le bal.·. de réception qui lui avait été adressé par le T.·. Ill.·. F.·. *Frémont* en accomplissement de sa mission. Ce Resp.·. Corps adresse aussi la collection de cahiers des degrés écossais dont il avait annoncé l'envoi.

« Ces différentes communications ont été accueillies par le Conseil avec le plus vif intérêt, et le F.·. Grand Secrétaire a été autorisé à continuer les relations existantes ayant pour objet de fortifier d'avantage les liens qui unissent les deux GG.·. OO.·.

« Les cahiers des trois degrés symboliques ont été déposés dans les archives qui me sont confiées, et ceux des grades supérieurs, ainsi que les six patentes de G[d].·. Inspecteur Général, ont été transmis au Sup.·. Conseil.

« Je saisirai aussi cette occasion, mes FF.·., pour vous donner connaissance que cette section du G.·. Orient a fait parvenir au Conseil un Décrêt qu'il venait d'émettre dans le but de réunir en un centre commun ceux de nos FF.·. qui sont possesseurs de degrés Ecossais, pour les avoir obtenus, soit avant l'époque de notre émancipation maçonnique, soit depuis et jusqu'à celle des arrêtés de 1830.

« De Décrêt a été imprimé, comme vous avez dû le remarquer, à la suite du procès-verbal de votre tenue extraordinaire du 30 Octobre.

« La R.·. □.·. N.° 10, assignée à comparaître aujourd'hui pardevant vous pour être entendue sur les griefs élevés contre elle, j'ai du réunir les pièces qui ont trait à cette affaire et que je serai en même de vous soumettre avec le rapport circonstancié que j'aurai à vous présenter sur tout ce qui a eu lieu jusqu'ici à cet égard.

« Quelques Ateliers, et plusieurs VV.·. FF.·., ont adressé des propositions tendantes à la réforme des Lois et Réglemens qui régissent l'Ordre. Elles ont été aussitôt transmises à la Commission centrale instituée pour s'occuper de cet important objet.

« Vous n'ignorez pas, mes FF.·., la perte que le G.·. O.·. a faite dans la personne du V.·. F.·. *Lerebours*, élu par vous à la première surveillance de cette Chambre. Aussi, je me serai abstenu de reveiller en vous ce souvenir si je ne croyais devoir vous rappeler le vide qu'occasionne ce fâcheux événement.

« Me FF.·., après avoir parcouru la série des matières que j'avais à vous soumettre, je vais terminer par vous entretenir d'un incident pénible dont la Fraternité a été frappée.

« Dans votre tenu du 17 Juillet dernier, vous aviez accueilli avec une vive allégresse l'heureux résultat de l'affaire pour laquelle la R.·. □.·. N.° 7 avait été appelée dans votre sein; mais plus tard, mes FF.·., de nouveaux nuages sont venus tout-à-coup obscurcir l'éclat de ce triomphe maçonnique. Il ne m'appartient pas d'en rechercher la cause, il me suffit ici de constater le fait; mais cependant je ne puis me dispenser de vous exprimer que, comme vous, je déplore cette circonstance.

« Vous saurez donc, mes FF.·., que la R.·. □.·. N.° 7, par sa planche expédiée au G.·. Secrét.·., vous adresse le manifeste de son Atelier qui déclare se détacher de l'obédience du G.·. Orient.

« Le Conseil, après en avoir pris connaissance, a considéré qu'en raison de la proximité de votre assemblée de ce jour, il devait s'abstenir de procéder à l'examen de cette pièce pour s'en référer à votre décision. En conséquence, il m'a chargé de vous la transmettre.

« Tel est le narré fidel des affaires que vous êtes appelés

2

à examiner, mes FF.·.; ma tâche est ainsi terminée; il ne me reste plus qu'à vous informer de l'activité avec laquelle la corresqondance a été suivie entre le Grand Secrét.·. et les Loges de l'obédience. Il me serait facile, mes TT.·. CC.·. FF.·., de vous en donner la preuve par les livres que j'aurais la faveur de vous présenter si vous le jugiez nécessaire. »

La Grande Ch.·. Symb.·. a successivement examiné les décisions du Conseil des Desseins Généraux dont le rapport ci-dessus fait mention et, les trouvant conformes aux principes de l'Ordre, elle les a sanctionnées, en prenant en outre sur plusieurs matières qui y sont traitées les résolutions suivantes :

Sur la demande du V.·. F.·. *Eyssaleme*, elle a déclaré qu'il n'y avait pas lieu à délibérer, attendu que les Réglemens Généraux ont déterminé de quelle manière on peut devenir membre du G.·. O.·.

Le F.·. Grand Secrétaire a été chargé d'adresser une pl.·. au F.·. *Eyssaleme* pour lui exprimer les sentimens fraternels de la Gde.·. Chambre Symb.·. et le regret qu'elle éprouve de ne pouvoir lui accorder l'objet de sa demande, en considération du motif ci-dessus exprimé.

Après, elle a voté des complimens de félicitations à la R.·. □.·. N.° 11 et aux VV.·. FF.·. *Lallemand* et *Gotereau*, pour la nouvelle preuve de dévouement qu'ils donnent au corps dirigeant. Le F.·. G.·. Secrétaire est chargé de leur en faire la communication.

Passant à la demande en cumulation de rit présentée par par la R.·. □.·. N.° 2, la Grande Ch.·. Symbolique accorde l'objet de cette demande à ce R.·. At.·. sous la condition qu'il travaillera alternativement à l'un et à l'autre rit: et ce, par analogie aux décisions prises par le Sup.·. Conseil pour les Ateliers supérieurs.

Le V.·. F.·. *Lesage*, nommé Membre à vie du G.·. Orient par la R.·. □.·. N.° 10, et le V.·. F.·. *Vignier*, par la R.·. □.·. N.° 20, ont tous deux été admis à prêter le serment d'usage. Après quoi, ces TT.·. CC.·. FF.·. ont reçu des félicitations du T.·. R.·. Dép.·. Grand Maître, et, sur l'invitation de cet Ill.·. F.·. l'assemblée a applaudi à leur admission par une triple batterie à laquelle ces FF∴ ont répondu.

Vu la régularité des pouvoirs du V∴ F∴ *Dupuy*, nommé par la R∴ □∴ N.° 20 pour être son Représentant particulier au G∴ Orient, ce V∴ F∴ a été admis en cette qualité. Après les félicitations que lui a adréessées le T∴ R∴ Député Grand Maître, l'assemblée lui en a témoigné sa satisfaction par les batt∴ accoutumées.

S'occupant de l'opinion émise par le Conseil relativement aux dispositions de son arrêté en date du 2 Février, la G[de]∴ Ch∴ Symbolique a décidé que l'objet de cet arrêté ayant été de faire nommer un membre à vie du G∴ O∴ par chacune des Loges constituées à cette époque, et le même motif n'existant plus, les Loges qui seraient constituées à l'avenir ne pourront suivre les dispositions du susdit arrêté.

La R∴ □∴ N.° 10 n'ayant point comparu ce jour à la G[de]∴ Chambre Symbolique, ni adressé aucune pl∴ pour en exprimer le motif, il a été résolu qu'en conformité de l'article 34, page 33 des Réglemens Généraux, une nouvelle sommation lui sera faite, afin qu'elle ait à se présenter à la tenue du 16 de juillet prochain.

La Grande Chambre Symbolique a ensuite examiné le manifeste qui lui a été adressé par la R∴ □∴ la *Vraie Gloire*, N°. 7, à l'Orient de *St-Marc*, contenant les motifs suivans :

« Considérant que la protestation de la R∴ □∴ ne re-
« posait que sur la discussion élevée au sujet de grades écos-
« sais et des droits que pouvaient avoir le G∴ O∴ à re-
« fuser l'entrée du Temple aux maçons munis de patentes
« régulières lorsque lui-même avait fait positivement ce qu'il
« contestait à ses autres FF∴ le droit de faire ;

« Considérant que dans la discussion qui a eu lieu au sein
« du G∴ O∴, dans la tenue du 17, il n'a été fait aucune
« restriction pour ce qui était de ces grades, que loin de là,
« la discussion n'a roulé que sur la nécessité de se récon-
« cilier et d'oublier le passé ;

« Considérant qu'il a été constaté que le G∴ O∴ avait
« authentiquement reconnu la Puissance dont émanaient les

« brefs, tant par la visite solennelle que le G∴ Maître est « allé faire en 1831 à la R∴ □∴ des *Elèves de la Nature*, O∴ des *Cayes*, que par les honneurs rendus dans « le G∴ O∴ au F∴ *Lhérisson*, R∴ ✝∴ 18.e degré du « rit ecossais, membre de la R∴ L∴ précitée, dans la « tenue du 24 Juin 5834, honneurs inusités au sein du G∴ « Orient d'Haïti et qui ne pouvaient être dus qu'à un re- « présentant d'une puissance maçonnique muni de ses lettres « de créance ;

« Considérant que le G∴ Maître en donnant par trois fois « sa *parole d'honneur en face du G∴ A∴ de l'U∴ en* « *prenant à témoin tous les FF∴ présens* (et ils étaient au « nombre de 52) quil n'avait pas entendu faire aucune in- « jure au Vénérable ni à la R∴ □∴ *La Vraie Gloire*, « s'appuyant sur le rapport même de cet honorable F∴ qui « y avait consigné, qu'il lui avait dit, qu'après la collation « des degrés écossais au G∴ O∴ on ne ferait pas difficulté « de l'admettre, que le G∴ Maître, disons-nous, avait par « ce fait offert à la R∴ □∴ toute la satisfaction qu'elle dé- « sirer en s'excusant ainsi envers l'atelier pour ce qui était « de l'injure qui lui avait été faite en la personne de son Vé- « nérable ;

« Considérant que les Membres présens ont unanimement « approuvé cette parole d'honneur en se levant spontanément « et couvrant de leurs applaudissement la voix du 1.er Surv∴ « de la □∴, qui, acceptant les excuses du G∴ Maître, « déclarait alors céder aux vœux généralement manifestés au « sein du G∴ O∴ et retirer la protestation ;

» Considérant que pour sceller la reconciliation, la chaîne « d'union a été réclamée avec instances par les membres du « G∴ O∴ eux-mêmes et que le baiser de paix a circulé « avec effusion ;

« Considérant dès lors que dans la tenue du 21 on ne « pouvait plus revenir sur ce qui avait été fait sans violer la « parole d'honneur et parjurer le baiser fraternel donnés so- « lennellement :

« Considérant qu'en dénaturant les faits dans les procès- « verbaux, on a manqué de nouveaux à toutes les convenan-

« ces et à tous les égards que l'on devait à la R.·. □.·.,
« et qu'en dénotant ainsi sa faiblesse, on dévoile l'intention
« que l'on a de continuer toujours ce système d'intolérance
« et de persécution dont les procès-verbaux du G.·. O.·. sont
« entachés, en violant les lois et les réglemens établis, mal-
« gré la réclamation de la R.·. □.·.

« Considérant que la Loge *La Vraie Gloire* ne consentira
« jamais à se laisser avilir ni permettre que par des insi-
« nuations perfides on cherche à ternir la réputation de quel-
« ques-uns de ses membres dont les travaux ont servi à lui
« donner la splendeur dont elle jouit.

« Considérant en outre qu'elle ne s'associera jamais aux
« actes de proscription après lesquels soupire le G.·. O.·.
« d'Haïti, attendu que la justice, la vérité, la charité et la
« tolérance universelle, sont des principes sacrés pour elle,
« parce qu'elle demeure convaincue qu'une société formée sur
« les lois de l'égalité des droits et la liberté des opinions,
« ne peut sans ces principes, maintenir la paix et l'amitié
« qui servent à resserrer les nœuds d'une étroite fraternité.

« Sur ces motifs:

« La R.·. □.·. *La Vraie Gloire*, voyant à regrêt l'opinia-
« treté des membres directeurs du G.·. O.·. d'Haïti, à vio-
« ler les Réglemens existans, à passer sur les égards et les
« convenances pour satisfrire à la vanité d'un système de do-
« mination qui brise le niveau maçonnique; désespérant de
« pouvoir ramener ces FF.·. aux principes qui font la base
« de notre précieuse institution; à l'unanimité des suffrages a
« arrêté et arrête ce qui suit:

« 1.° La R.·. □.·. *La Vraie Gloire*, ne fait plus partie de
« l'Administratio du G.·. Orient d'Haïti; elle déclare s'en
« retirer formellement:

« 2.° Les portes de son temple continueront à s'ouvrir de-
« vant tout maçon muni de patentes régulières qui voudra bien
« l'honorer de sa visite; elle se plaira à reconnaître ses FF.·.
« à les embrasser et à les secourir:

« 3.° Une commission prise dans son sein sera chargée
« de lui ménager la correspondance avec une Puissance ma-
« çonnique régulière:

» 4.° Elle déclare en outre s'associer d'avance à toute Puis-
» sance maçonnique qui s'établira en Haïti, en suivant l'es-
» prit et la lettre des Grandes Constitutions de 1786. »

LA GRANDE CHAMBRE SYMBOLIQUE,

Considérant que la protestation de la R.·. □.·. la *Vraie Gloire*, N.° 7, en date du 7 Février 1836, reposait principalement sur la non-admission du F.·. *E. Bonnet*, Vénérable en exercice de cet Atelier, aux travaux du G.·. O.·. dans la tenue du 24 Janvier, parce que cet Atelier envisageait ce fait comme une injure qui lui avait été faite en la personne de son Vén.·.;

Considérant que si, dans cette protestation, cette Loge avait également prétendu méconnaître l'obligation où elle était, comme tous les Ateliers et les Maçons de l'obédience du G.·. O.·., d'observer les arrêtés de 1829 et de 1830, ainsi que toutes les résolutions prises à l'occasion de la cumulation des rits; néanmoins, elle est formellement revenue de cette prétention erronée, lorsque par l'organe du F.·. *Constantin*, son 1.er Surveillant, elle a déclaré rétracter la susdite protestation, en acceptant la proposition faite conditionnellement par le 1er.·. G.·. St.·., et se déclarant satisfaite des explications données par le T.·. R.·. G.·. Maître: explications et proposition qui, loin de détruire la force obligatoire des susdits arrêtés, lui ont au contraire donné une nouvelle vigueur;

Considérant que la chaîne d'union qui fut ensuite formée n'avait eu et ne pouvait avoir pour but que l'oubli du tort qu'eut la *Vraie Gloire* par sa protestation; mais qu'elle ne pouvait nullement confondre dans cet oubli la faute personnelle aux signataires de l'écrit en date du 24 Janvier 1836, tant pour leur infraction aux principes consacrés par les arrêtés de 1829 et 1830, que pour avoir parjuré leur serment, en souscrivant cet acte attentatoire à la puissance du G.·. O.·. national;

Que dès-lors, le G.·. O.·. a dû poursuivre contre les signataires, soumis à ces lois, l'infraction qu'ils avaient volontairement commise;

Qu'ainsi, c'est à tort que la Loge N.° 7 veut prétendre par son manifeste, que le G.·. O.·. *a parjuré le baiser fra-*

ternel et qu'il a dénaturé les faits dans ses procès-verbaux, etc.

Considérant que si le droit d'association permet à un Atelier de se dissoudre, de cesser d'exister, en remettant au G.·. O.·. les pouvoirs résultant d'une Constitution, néanmoins toute Loge, dans ce cas, est tenue à observer à l'égard du Corps constituant les convenances avouées par la raison et les principes de l'Ordre ;

Considérant qu'en cette circonstance, la Loge N.° 7 a gravement dérogé à ces principes, et qu'en persévérant ainsi dans cet esprit d'opposition aux actes du G.·. O.·. national qu'elle avait manifesté par ses actes antérieurs, elle prouve elle-même que, placée de plus en plus sous l'influence de ceux qui la dirigent, toute tentative de moyens fraternels pour la ramener à ses devoirs devient inutile ;

Considérant enfin que le G.·. O.·. ne saurait tolérer de pareils outrages, sans manquer à ce qu'il se doit à lui-même et aux Ateliers dont la fidélité l'honore par les sentimens qui la motivent ;

ARRÊTE ;

1.° La Constitution accordée à la R.·. □.·. *La Vraie Gloire*, N.° 7, à l'O.·. de St-Marc, est éteinte et la □.·. est rayée du nombre des At.·. de l'obédience du G.·. O.·. d'Haïti ;

2.° Le G.·. Secrétaire réclamera l'acte constitutif qui lui avait été délivré pour être déposé aux archives du G.·. O.·. ;

3.° Toute correspondance entre les Ateliers de l'obédience et celui-là sera éteinte à la notification du présent arrêté par le G.·. Secrétaire.

4.° L'entrée de leurs Temples sera fermée à tous les Maçons qui faisaient partie de cette Loge, sur la connaissance de leurs noms qui sera notifiée aux Ateliers par le G.·. Secrétaire ; et ce, jusqu'à due soumission de leur part.

Une proposition de la Commission centrale ayant pour titre : *Des Elémens du G.·. Orient* avait été présentée au Comité Général pour être discutée à la tenue de ce jour.

La discussion étant ouverte, la Commission a déclaré retirer cette proposition, pensant qu'il sera mieux d'en intercaler les dispositions dans le projet de Réglemens Généraux qu'elle aura à soumettre, et dont le travail est fort avancé.

Sur cé, la Grande Chambre Symbolique a autorisé la Commission centrale à faire la dépense que nécessiteront les frais d'impression d'un nombre suffisant d'exemplaires de son projet.

L'assemblée a renvoyé à s'occuper dans une autre tenue d'une proposition qui lui a été adressée par un V.·. F.·. membre du G.·. Orient.

Ensuite, elle a procédé à l'élection du 1.er Grand Surveillant. Le V.·. F.·. *Pierre-Louis Carriès,* Vénérable Maître en exercice de la R.·. □.·. N.° 4, O.·. de *Jacmel*, ayant obtenu la majorité des suffrages a été élu à cette dignité. Une triple batt.·. a été tirée à cette occasion.

Puis, la Grande Ch.·. Symb.·. a reçu communication d'une pl.·. de la R.·. □.·. N.° 12, et d'une autre du V.·. F.·. *Bocage*, 1.er Surv.·. de ce R.·. At.·. ayant pour but de réclamer une rectification à un paragraphe qui se trouve consigné dans le procès-verbal de la tenue du 21 Juillet dernier.

La G.·. Chambre Symbol.·., ayant entendu individuellement les membres présens à la tenue du 21 Juillet, qui tous attestent que le F.·. *Bocage* s'était servi des mêmes expressions consignées dans le susdit paragraphe,

ARRÊTE qu'il n'y a pas lieu à faire aucune rectification sur le susdit procès-verbal: mais qu'il sera transcrit sur la présente minute que la R.·. □.·. N.° 12 a fait savoir qu'elle avait reçu l'écrit des *Elèves de la Nature* et qu'elle lui en avait accusé réception.

L'heure avancée de la nuit n'ayant pas permis de s'occuper d'autres matières, les travaux ont été ajournés, et la Grande Chambre symbolique a été fermée selon l'usage.

——00——

Le Dimanche 29.e jour du 11.e mois A∴ L∴ 5836 (ère vulg∴ 29 Janvier 1837).

La Grande Chambre Symbolique, réunie conformément aux dispositions des Règlemens généraux, et les travaux ont été ouverts en due forme.

Présens :

Les RR∴ FF∴ *B. Ardouin*, Dép∴ G∴ M∴.
Ethéart, 2.d G∴ Surv∴ occupant la charge du 1.er G∴ Surv∴.
Bouchereau, 2.d G∴ Surv∴ p∴ t∴.

Les col∴ ornées des Membres à vie du G∴ O∴, des représentans particuliers des Loges de la juridiction, plusieurs FF∴, membres des Loges N.o 1 et 5 et des autres At∴ de l'obédience.

Communication d'une pl∴ du T∴ R∴ G∴ M∴ a été donnée à l'assemblée par laquelle, il déplore la fatalité qui le prive du bonheur de se trouver, en ce jour, au milieu de ses FF∴ et a fait savoir que l'état de sa santé s'y oppose. Tout en exprimant sa vive reconnaissance pour des marques réitérées d'attachement que lui donnent les membres du G∴ O∴, cet Ill∴ F∴ promet de nouveau de faire tous ses efforts pour promouvoir l'union fraternelle entre les maçons de l'obédience du G∴ O∴ et pour la splendeur, en général de notre Ordre auguste. Par la même pl∴, il informe l'assemblée que, les fréquentes indispositions du T∴ V∴ F∴ *B. Ardouin*, Député G∴ M∴, l'ayant porté, quoique à regret, à accepter sa démission de la charge éminente qui lui était dévolue, il a fixé ses regards sur le T∴ Ch∴ et V∴ F∴ *Bazelais* pour être son Député.

Le V∴ F∴ *Mahotière*, élu second G∴ Surv∴ a aussi fait savoir par une pl∴ que des motifs légitimes l'empêchent de prendre part aux travaux de ce jour, et il exprime, le regret qu'il éprouve d'en être privé.

La députation, composée des VV∴ FF∴ *B. Carrié*, *Dantant*, *J. P. Lafontant*, *Dujour*, *M. Grellier*, *P. Dauphin*, et *A. Dauphin*, chargée de porter au T∴ Ill∴ G∴ Protecteur l'expression des vœux et des hommages de la fraternité haïtienne a été introduite dans le temple les deux battans ouverts. Elle a rendu compte de sa mission par l'organe du T∴ Ch∴ F∴ *B. Carrie* qui après avoir entretenu l'assemblée de l'accueil bienveillant dont le Chef de l'Etat a daigné honorer la dép∴, il lui a fait savoir combien cet Ill∴ M∴ éprouve du regrêt de ne pouvoir plus jouir du plaisir de participer aux travaux maç∴ : que néanmoins toujours épris des charmes de la Fraternité et bien pénétré du bon effet de cette subl∴ institution dans notre Patrie, il fait des vœux pour sa prospérité.

Ces paroles ont excité le plus grand enthousiasme dans l'assemblée : et à cette occasion, une triple batterie est tirée en reconnaissance du nouveau témoignage de la bienveillance de l'Ill∴ G∴ Protecteur de l'Ordre.

On annonce un visiteur dans les parvis ; il est introduit dans le temple, après les formalités d'usage : c'est le T∴ Ch∴ F∴ *Curet*. Membre de la R∴ L∴ des *Trois H∴* O∴ du Hâvre. Le T∴ V∴ Dép∴ G∴ M∴, après avoir complimenté ce F∴ dans les termes les plus expressifs, a fait tirer une batterie en sa faveur à laquelle il répond et sa batterie est couverte.

Après une courte allocution faite à l'assemblée sur l'objet de la réunion du jour et la lecture faite par le F∴ Secrét∴ des noms des FF∴ élus à l'assemblée de Juillet dernier, le T∴ V∴ Dép∴ G∴ M∴ procede à l'installation des Grands Officiers qui doivent entrer en exercice.

Le R∴ F∴ *B Inginac*, appelé de nouveau à la dignité de G∴ M∴, s'étant trouvé absent, a été proclamé en cette qualité aux vifs applaudissemens de l'assemblée.

Le T∴ V∴ F∴ *Bazelais*, choisi par le R∴ G∴ M∴ pour être son Dép∴ a été également proclamé en cette qualité au milieu des applaudissemens.

Les TT∴ VV∴ FF∴ *Carries* et *Mahotière* élus premier et second Grands Surveillants, ne s'étant point trouvés présens, ont été aussi proclamés en leur qualité respective avec toutes les formalités voulues ; et un triple houzze a été tiré à cette occasion.

Immédiatement après, les autres Grands Off.·. ont été installés : le T.·. V.·. Dép.·. G.·. M.·. reçoit leur serment, leur adresse des complimens et fait applaudir à leur installation. Le V.·. F.·. *Pre André*, G.·. Orateur, a remerci l'assemblée aux noms de tous, et leur batterie est couverte.

Après avoir réclamé l'attention de l'assemblée, le T.·. R.·. Dép.·. G.·. M.·. lui a rappelé qu'à son départ pour l'Europe, il avait été chargé de remettre au G.·. O.·. de France, les planches et les documens que le G.·. O.·. d'Haïti et l'Ill.·. F.·. Frémont adressaient à cet auguste Corps maçonnique concernant la transmission du rit ecossais ancien et accepté. Il a profité de cette solennité, où se trouvait un concours si nombreux de Maçons de l'obédience du G.·. O.·. national pour faire connaître combien sont vrais et sincères les sentimens dont le G.·. O.·. de France n'a cessé de lui donner des preuves.

Cet Ill.·. F.·. rapporte qu'à son arrivée à Paris, peu de jours avant la célébration, de la Grande Fête de l'Ordre, il fut invité de la manière la plus cordiale à y participer; qu'il reçut du G.·. O.·., en raison du haut rang qu'il occupe parmi les maçons d'Haïti, l'accueil le plus distingué; et que sa seule qualité de F.·. lui procura les plus douces jouissances par les sentimens d'amitié qui lui furent prodigués par les membres du G.·. O.·. et les FF.·. visiteurs; qu'enfin, il fut, de la part de l'Ill.·. F.·. *comte Alexandre de Laborde*, G.·. M.·. Adj.·., l'objet d'une attention et d'une bienveillance particulière qui, tout en le pénétrant d'une profonde reconnaissance, l'ont convaincu que les hautes lumières d'un philosophe réunies à la moralité d'un homme de bien, constituent éminemment le vrai Maçon. Il ajoute que le compte rendu des travaux sémestriels du G.·. O.·. de France à cette époque exprime, de la manière la plus franche les sentimens pour le G.·. O.·. d'Haïti : et que les Maçons haïtiens y verront que cet auguste Sénat maç.·., qui réunit sous sa juridiction plus de sept cents At.·. constitués à tous les rits connus, a parfaitement accueilli l'offrande adressée en faveur des FF.·. indignes qu'ils assistent journellement, ainsi que la participation à lui donné des grands travaux d'organisation auxquels le G.·. O.·. a dû se livrer l'année dernière, par la cumulation du rit ecossais ancien et accepté.

Ces paroles, vraiment flatteuses pour le G.·. O.·. national et tous les maçons haïtiens, ont fixé l'attention de l'assemblé et ont été entendues avec le plus vifs intérêt.

Une dép.·. composée des FF.·. *Ethéart*, *Bouchereau*, *Pre. André*, *Pouponneau*, *S. Laborde* et *Verna*, est nommée pour se rendre près le T.·. R.·. G.·. M.·. et le T.·. V.·. F.·. *Bazelais*, son Dép.·., pour leur témoigner le regrêt du G.·. O.·. de n'ovoir pas eu le bonheur de les posséder en ce jour et prier le T.·. R.·. G.·. M.·. d'agréer les voeux que ses FF.·. adressent au G.·. A.·. pour le prompt rétablissement de sa santé.

L'heure de la nuit étant avancée, les travaux de la Grande Chambre Symbolique ont été fermés régulièrement.

Le Dimanche 5.e jour du 12e. mois A.·. L.·. 5836,
(ère vulg.·. 5 Février 1837).

LA GRANDE CHAMBRE SYMBOLIQUE dûment convoquée et réunie au lieu ordinaire de ses séances, ses travaux ont été ouverts en due forme par les TT.·. RR.·. FF.·.

Bazelais, Dép.·. G.·. M.·.
Mahotière, 2d.·. Gd.·. Surv.·. occupant la charge du 1.er Gd.·. Surveillant.
Preston, 2d.·. G.·. Surv.·. p.·. t.·.

Des Membres, à vie et temporaires du G.·. O.·. ainsi que les représentans des Loges occupaient les autres charges ou ornaient les col.·.

Le T.·. V.·. Dép.·. G.·. M.·. a rappelé à l'assemblée que le but de la réunion de ce jour était de délibérer sur les matières qui n'avaient pu être traitées dans la tenue du 22 du mois dernier et procéder en même tems à la formation des Conseils conformément aux Règlemens généraux.

La G.·. Chamb.·. Symb.·. s'est occupée d'abord de l'appel du F.·. *L. Cérisier fils* contre un jugement rendu par la R.·. ☐.·. *l'Am.·. des F.·.* réunis N.° 1.er, par lequel il a été rayé du tableau des membres de cet At.·. pour avoir, dans la solennité d'une fête Maçonnique, prononcé, en qualité d'Orateur, un discours inconvenant. Ce F.·. soutient, dans son appel, qu'il n'était point punissable aux termes des Réglemens généraux, attendu qu'il avait supplié ses FF.·. de recevoir ses excuses d'avoir parlé de manière à prêter aux suspicions élevées contre lui, en protestant contre toute fausse interprétation de sa pensée; qu'ainsi la ☐.·. ne pouvait le condamner sans violer les principes proclamés par le G.·. O.·., savoir : *qu'un Membre de la fraternité est excusable de toute faute lorsqu'il a fait sa due soumission*; et qu'au surplus il avait offert de réitérer cette due soumission par écrit.

Sur ce, la Grande Ch.·. Symb.·. a décidé que, conformément aux Réglemens généraux, le F.·. *L. Cérisier fils* sera réintégré dans ses droits maç.·. dès qu'il aura fait par écrit, sa due soumission à la R.·. ☐.·. *l'Amitié des FF.·. Réunis* à laquelle il appartient, sans préjudice toute fois du droit d'association appartenant à tout At.·. de l'obédience.

La G.·. Ch.·. Symb.·. a pris connaissance d'une pl.·. adressée au G.·. O.·. par sept Maçons régulièrement enregistrés, résidents à Santiago et transmise au G.·. Sec.·. par la R.·. ☐.·. *l'Etoile d'Haïti* N.° 5 avec recommandation; lesquels aura pour titre : *Le vrai Héroïsme de la Vertu*, le F.·. *Pre. Alexandre Charrier* devant en être le premier Vénérable, le F.·. *Manuel Morillas*, le premier premier Surv.·. et le F.·. *Gustave Mesnier*, le premier second Surv.·.; après avoir reconnu que toutes les formalités exigées par les Réglemens généraux ont été observées, il a été décidé que la constitution demandée est accordée.

Un Vén.·. F.·., M.·. du G.·. O.·. a soumis la proposition suivante :

« Je propose au G.·. O.·. de s'interdire la faculté de donner des augmentations de paie à ses propres Membres d'après les principes consacrés par les réglemens provisoires,

« et ce, jusqu'à la complête révision des statuts et réglemens « généraux de l'Ordre. »

Cette proposition, mise aux voix, a été renvoyée à la Commission centrale.

Les matières étant entièrement épuisées, la Grande Chambre Symb.·. s'est occupée de la formation des Conseils.

Le T.·. V.·. Dép.·. G.·. M.·. a communiqué à l'assemblée la liste des FF.·. désignés par le G.·. M.·. pour les différens Conseils.

Pour le Conseil des Desseins généraux, le V.·. F.·. *Preston*, Président; les VV.·. FF.·. *C. Ardouin*, *Lesage*, *Bouchereau*, *Pre. André* et *Acloque*, membres: et l'assemblée a élu les VV.·. FF.·. *B. Carrié*, *Plaisance*, *Pouponneau*, *Lavelanet* et *J. Paul*.

Pour le Conseil des Finances le T.·. V.·. G.·. M.·. a désigné le V.·. F.·. *J. Paul*, président: les VV.·. FF.·. *Remi*, *Pouponneau*, et *Lavelanet*. membres: et l'assemblée a complété le Conseil par l'élection VV.·. en exercice de RR.·. LL.·. N°. 1er., 5 et 12.

Pour le Conseil des Ouvrages, présidé de droit par le G.·. Arch.·., le V.·. F.·. *B. Carrié*, comme tel, en est reconnu le président; et les VV.·. FF.·. *Bouzi*. *Ls. Charles* et *S. Laborde* ayant été choisis par le T.·. R.·. G.·. M.·., le choix de l'assemblée est tombé, pour completer ce conseil, sur les VV.·. des RR.·. Loges N.° 8, 12 et 13.

La députation qui avait été envoyée près le T.·. R.·. G.·. M.·. et son Dép.·. a rendu compte de sa mission; elle a reçu des félicitations.

Le V.·. F.·. G.·. Trésorier a présenté son compte à la Grande Ch.·. Symb.·. dont voici le résultat:

Les recette du G.·. O.·. pour les années 1836 et 1837 s'élevant à.	2256 g.	46 1/2
Les dépenses de ces deux années à	1354	16
Il existe en caisse au 29 Janvier 1837....	902 g.	30 1/2

La Grande Ch∴ Symb∴ a arrêté que la vérification de la caisse centrale du G∴ O∴ aura lieu immédiatement par la commission désignée aux termes des Réglemens provisoires.

Les travaux ayant atteint leur perfection, le T∴ V∴ Dép∴ G∴ M∴ les a fermés régulièrement.

Pour copie conforme à la minute :

Le G∴ Archiviste et G∴ Secrétaire,

Fs. ACLOQUE.

EXTRAIT DU LIVRE D'OR

DU GRAND ORIENT D'HAITI,

EN SON SUP.˙. G.˙. CHAP.˙. DE R.˙. A.˙. (Tenue du 16 Février 1837)

Le Sup.˙. G.˙. Chap.˙. prend connaissance de deux Suppliques adressées par plusieurs Comp.˙. A.˙.; l'une sollicitant une Patente pour tenir un Souv.˙. Chap.˙. sous le titre de *l'Aménité*, près la R.˙. L.˙. N.° 17, à l'O.˙. de l'Anse-à-Veau; et l'autre tendante au même but pour un Souv.˙. Chap.˙. sous le titre de *La Parfaite-Union*, près la R.˙. L.˙. N.° 15, à l'O.˙. de Puerto-Plata. Ces deux demandes étant régulières, les Patentes sollicitées ont été accordées.

Puis, conformément aux Réglemens Généraux, le Sup.˙. Chap.˙. a procédé aux élections de ses Grands Officiers, dont il est résulté les choix suivants :

Les TT.˙. EEx.˙. M.˙. *B.˙. Inginac*, G.˙. M.˙. Z.˙.
C. Bazelais, Dép.˙. G.˙. M.˙. Z.˙.
A. Preston, G.˙. M.˙. A.˙.
C. Ardouin, G.˙. M.˙. J.˙.
Et les Ill.˙. Comp.˙. *P. André*, G.˙. Chapelain.
Louis Charles, 1er. G.˙. Sbe.˙. G.˙. Chancelier.
Pouponneau, 2d.˙. G.˙. Sbe.˙. G.˙. Trésorier.
A. B. Carrié, G.˙. Architecte.
Lavelanet, G.˙. M.˙. des cérémonies.
A. Rémy, G.˙. Intendant.
M. Arnoux, G.˙. Cap.˙. R.˙. A.˙.

Et les Ill.·. Comp.·. *Victor Poil*, *A. Puret*, *Tassy*, *R. Négrette*, } GG.·. Porte-Etendards.

Pour extrait conforme aux minutes :

Le 1er. G.·. Sbe.·., G.·. Chancelier.

Louis CHARLES.

EXTRAIT DU LIVRE D'OR

DU GRAND ORIENT D'HAITI,

EN SON SUPRÊME GRAND CONCLAVE.

(Tenue du 5 Janvier 1837.)

Le G∴ Chancelier donne lecture d'une supplique signée par plusieurs Chev∴ T∴ K∴, etc., etc., résidants à la vall∴ du Cap-Haïtien, tendante à solliciter une Patente pour tenir un Souv∴ Chap∴ de R∴ †∴ réuni à un Souv∴ Camp∴ de Chev∴ T∴ K∴, etc., etc., près de la R∴ L∴ N.° 6, et du Souv∴ Chap∴ de R∴ A∴ N.° , à la même vallée.

La supplique étant régulière, la Patente est accordée au nouveau Souv∴ Camp∴, sous le titre de *Les Régulateurs*.

L'ordre des travaux amenant les élections des Grands Officiers du Sup∴ Conclave, l'assemblée y procède comme d'usage; il en est résulté les choix suivants:

Les TT∴ Ill∴ Chev∴ *B. Inginac*, T∴ Em∴ G∴ M∴
Bazelais, Dép∴ Em∴ G∴ M∴
Preston, 1er. G∴ Cap∴
Plésance, G∴ Prélat.
Berthomieux, G∴ Chancelier.
Pouponneau, G∴ Trésorier.
A.-B. Carrié, } GG∴ Porte-
S. Laborde, } Etendarts.
Bouzy, G∴ M∴ des Cérém∴
Louis Charles, G∴ Intendant.

Pour extrait conforme :

Le Grand Chancelier,

P. BERTHOMIEUX.

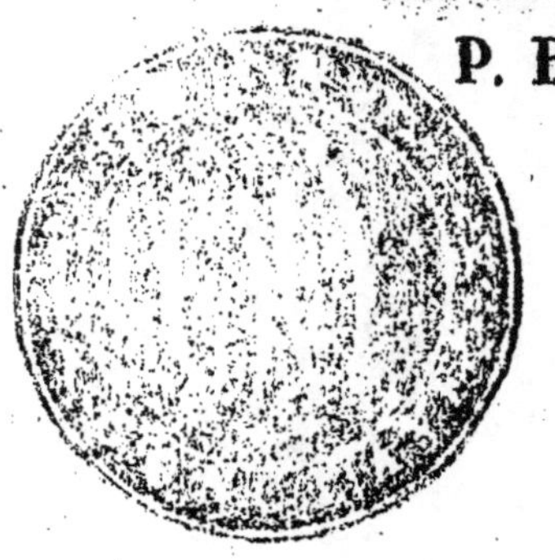

A.·. L.·. G.·. D.·. G.·. A.·. D.·. L'U.·.

ORDO AB CHAO.

Extrait des minutes des travaux du Suprême Conseil tenus à l'or.·. du monde, près du B.·. A.·., sous la voûte céleste, au p.·. v.·. du zénith, répondant au 18.e degré 33' 42" de lat.·. sept.·. et zéro de long.·., au Port-au-Prince, le 19 *Février* 1837 (ère vulg.·.)

Le G.·. O.·. d'Haïti, en son Suprême Conseil des Souv.·. Grands Insp.·. Génér.·., 33.e et dernier degré du Rit Ecossais ancien et accepté, régulièrement assemblé pour sa tenue d'obligation, les travaux ont été dûment ouverts.

Lecture a été donnée du tracé des derniers travaux, et sa rédaction approuvée.

Un membre ayant obtenu la parole, a lu une proposition tendante à admettre comme membres du Grand Collége, les maçons de l'obédience du G.·. O.·. qui y ont été ou qui pourront à l'avenir y être reçus, au grade de G.·. I.·. G.·., 33.e degré.

Cette proposition a été mise en délibération, et le Suprême Conseil,

Vu l'art. 6 de ses Réglemens généraux provisoires, en date du 1er. Mars 1836,

Décrète :

1.° Sont reconnus membres du *Grand Collége* les maçons de l'obédience du G.·. O.·. qui y ont été reçus directement ou par délégation, au grade de G.·. I.·. G.·., 33.e degré, soit en cumulation, soit en augmentation de degrés;

2.° A l'avenir, deviendront également membres du Grand Collége, les maçons qui y auront été reçus au même degré, ainsi qu'il est dit ci-dessus.

3.° Les uns et les autres auront voix délibérative au Grand Collége, dans les matières qui sont de ses attributions.

4.° Les autres maçons qui ont reçu ou recevront des degrés supérieurs de l'Ecossisme, jusques et y compris le 32.e, seront convoqués aux tenues du Grand Collége, selon leur grade respectif, lorsqu'il s'agira d'une collation de degrés.

5.° Les charges des diverses sections du Grand Collége continueront d'être remplies par les Grands Officiers du Suprême Conseil.

Le Suprême Conseil a aussi arrêté que, pour satisfaire à la demande de plusieurs de ses membres, la Commission administrative devra s'occuper de la forme et de la rédaction des diplômes des divers grades de l'Ecossisme.

Les Officiers du Suprême Conseil sont :

J.-B. Inginac, T.·. P.·. S.·. G.·. Com.·.
Charles Bazelais, Député G.·. Com.·.
M.-E.-E. Frémont, 1er. Lieut.·. G.·. Com.·.
C. Ardouin, 2e. Lieut.·. G.·. Com.·.
Pierre André, Ministre d'Etat.
F.-M.-R. Lavelanet, Secrétaire du St. Empire.
A. Bouchereau, Grand Trésorier du St. Empire.
J.-J. St.-Victor Poil, G.·. Maître des Cérém.·.
A. Remy, Grand Cap.·. des Gardes.
R. Négrette, Grand Hospitalier.
Ls. Ethéart, Grand Expert Introducteur.
D. Pouponneau, Grand Expert Porte-Etendart.
B. Carrié, Grand Expert Intendant.

Pour copie conforme :

Le Secrétaire du St. Empire, Gd.·. Chev.·. Gde.·. des Sceaux,

LAVELANET.

www.ingramcontent.com/pod-product-compliance
Lightning Source LLC
LaVergne TN
LVHW050507160826
845677LV00003B/988

* 9 7 8 2 3 2 9 6 3 5 9 0 3 *